Cabbit

Book 1:

The Different Kid at School

El Niño Diferente en la Escuela

By: Joseph Edward Saenz

This book is dedicated to my wife
Angelica and my children Noah,
Elena, Ezra and most importantly God.

Este libro está dedicado a mi esposa
Angelica y mis hijos Noah, Elena, Ezra y
por lo más importante, Dios.

Special thanks to
Elizabeth Morin,
Theresa Lopez,
and Vanessa Icazbalceta-Soto

Un agradecimiento especial a
Elizabeth Morin,
Theresa Lopez
y Vanessa Icazbalceta-Soto

Cabbit
Book 1:
The Different Kid at School
El Niño Diferente en la Escuela
Copyright © 2021 by Joseph Saenz
All rights reserved. No part of this book may be used or reproduced in any manner whatsoever without written Permission except in the case of brief quotations embodied in critical articles or reviews.

Thank you for buying an authorized edition of this book and for complying with copyright laws by not reproducing, scanning, duplicating or distributing any part of it in any form without permission. Yor are supporting writer's hard work and passion.

For information contact:
Joseph Saenz at cabbitmeow@gmail.com
Written and illustrated by Joseph Saenz
ISBN: 978-1-7378600-0-6 (Paperback)
ISBN: ISBN: 978-1-7378600-1-3 (ebook)
Library of Congress Control Number: 2021917846
Printed in the United States of America
10 9 8 7 6 5 4
First Edition: September 2021

There is a picturesque town named Ever Spring, where it is always nice and always clean. The weather is always sunny, and the grass is bright green. This town is inhabited by rabbit people who bounce around and do rabbit things.

Hay un pueblo pintoresco llamado Ever Spring, donde siempre es agradable y siempre limpio. El clima siempre es soleado y el sácate es de un verde brillante. Este pueblo está habitado por conejos que brincan y hacen cosas de conejos.

Question: Where do you live?

Pregunta: ¿Tu dónde vives?

There is a rabbit Mayor.
Hay un conejo alcalde.

A rabbit Postal Worker.
Un conejo trabajador postal.

A rabbit Fire Fighter.
Un conejo bombero.

There is rabbit Librarian.
Un conejo bibliotecario.

A rabbit Police Officer.
Un conejo policía.

And even some rabbit Farmers.

Y hasta unos conejos granjeros.

However, on the outside of town, near the base of a mountain, there lives a very special and unique family. This family is very different from any other family in the town of Ever Spring.

Sin embargo, en las afueras del pueblo, cerca de la base de una montaña, vive una familia muy especial y única. Esta familia es muy diferente a cualquier otra familia en la ciudad de Ever Spring.

Question: What do you think is special and unique about your family?

Pregunta: ¿Qué crees que es especial y único en tu familia?

This is the Meow Family. Daddy Meow is a cat and Mommy Meow is a rabbit. Together they have a son named Cabbit who is both cat and rabbit.

Esta es la familia Meow. Papa Meow es un gato y Mama Meow es un conejo. Juntos tienen un hijo llamado Cabbit que es a la vez gato y conejo.

Question: Where are your parents from?

Pregunta: ¿De dónde son tus padres?

Cabbit has never been to school before, and tomorrow is Cabbit's first day of school. His mom tells him to get ready for bed because he needs to get a good night's rest for his big day tomorrow.

Cabbit nunca había ido a la escuela antes, y mañana es el primer día de clases para Cabbit. Su mamá le dice que se prepare para ir a la cama porque necesita descansar bien por la noche para su gran día mañana.

Question: Do you remember the night before your first day of school?
How did you feel?

Pregunta: ¿Recuerdan la noche anterior a su primer día de clases?
¿Cómo te sentiste?

Cabbit is fast asleep and dreaming about all the fun and exciting things he will see and learn tomorrow at school.

Cabbit está profundamente dormido y sueña con todas las cosas divertidas y emocionantes que verá y aprenderá mañana en la escuela.

Question: What do you like best about school?

Pregunta: ¿Qué es lo que más les gustan de la escuela?

It is 6 o'clock in the morning and time to get ready for school. Cabbit needs to take a shower, brush his teeth, and put on his clothes for school.

Son las 6 de la mañana y es hora de prepararse para la escuela. Cabbit necesita ducharse, cepillarse los dientes y ponerse la ropa para ir a la escuela.

Question: What do you do to get ready for school?

Pregunta: ¿Qué haces para prepararte para la escuela?

Cabbit is very excited about school. He runs down the stairs and smells something very yummy coming from the kitchen.

Cabbit está muy emocionado para la escuela. Baja corriendo las escaleras y huele algo muy rico que viene de la cocina.

Question: What is exciting for you?

Pregunta: ¿Qué es lo más emocionante para ti?

Cabbit's mother makes his favorite dish for breakfast, carrot pancakes with fresh maple syrup. Cabbit eats breakfast with his family before school. So far, this day is starting off great!

La mama de Cabbit prepara su plato favorito para el desayuno, tortitas de zanahoria con miel fresca. Cabbit desayuna con su familia antes de la escuela. ¡Hasta ahora, este día está comenzando genial!

Question: What is your favorite food for breakfast?

Pregunta: ¿Cuál es tu comida favorita para el desayuno?

The bus arrives at Cabbit's house. Now it is time to ride the bus to school. Cabbit tells his parents goodbye and gives them each a big hug and kiss. Cabbit's mother and father tell Cabbit they love him and that they wish him a wonderful day.

El autobús llega a la casa de Cabbit. Ahora es el momento de tomar el autobús a la escuela. La madre y el padre de Cabbit le dicen a Cabbit que lo aman y que le desean un día maravilloso.

Question: How do you think Cabbit feels as he walks to the bus?

Pregunta: ¿Cómo crees que se siente Cabbit mientras camina hacia el autobús?

Cabbit has a big smile as he walks onto the bus and tells everyone, "Hello!" However, something seems a little strange.

Cabbit tiene una gran sonrisa mientras camina hacia el autobús y les dice a todos: "¡Hola!" sin embargo, algo parece un poco extraño.

Question: What do you think Cabbit would find strange about the other rabbits' expressions on the bus?

Pregunta: ¿Qué crees que Cabbit encontraría extraño de las expresiones de los otros conejos en el autobús?

When Cabbit opens his eyes and sees everyone on the bus, he is in shock and full of surprise.

Cuando Cabbit abre sus ojos y ve a todos en el autobús, está en estado de shock y lleno de sorpresa.

Question: What do you think Cabbit is surprised about?

Pregunta: ¿Qué crees que sorprendió a Cabbit?

As Cabbit looks at all the students on the bus, he discovers there is no one else like him. Everyone is a rabbit, and everyone is staring directly at him.

Mientras Cabbit mira a todos los estudiantes en el autobús, descubre que no hay nadie más como él. Todo el mundo es un conejo y todo el mundo lo mira directamente.

Question: How do you think Cabbit is feeling at this moment?

Pregunta: ¿Cómo crees que se siente Cabbit en este momento?

While Cabbit walks toward the back of the bus to find a seat, he feels everyone looking at him. He also hears other students whispering and talking about the way he looks.
"Look at his ears!"
"Why are his feet and ears so small?"
"His tail is so long and stringy!"
"I have never seen an orange kid before!"

Mientras Cabbit camina hacia la parte trasera del autobús para encontrar un asiento, siente que todos lo miran. También escucha a otros estudiantes susurrando y hablar sobre su apariencia.
"¡Mira sus orejas!"
"¿Por qué sus pies y orejas son tan pequeños?"
"¡Su cola es tan larga y fibrosa!"
"¡Nunca había visto a un niño de color naranjo antes!"

> Question: Have you ever felt like other people were looking at you? How did you feel about that?
>
> Pregunta: ¿Alguna vez has sentido que otras personas te esten mirando? ¿Cómo te sentiste al respecto?

As the bus continues toward school, Cabbit hopes things will be different at school. However, as the bus arrives at school, Cabbit is once again in shock and surprised at what he sees.

Mientras el autobús continúa hacia la escuela, Cabbit espera que las cosas sean diferentes en la escuela. Sin embargo, cuando el autobús llega a la escuela, Cabbit vuelve a estar en estado de shock y sorprendido por lo que ve.

Question: Can you guess why Cabbit is shocked again?

Pregunta: ¿Puedes adivinar por qué Cabbit se sorprende de nuevo?

As Cabbit gazes upon all the students at school, he again notices that no one else is like him. Everyone else is a rabbit. He senses everyone's eyes looking directly at him and his heart begins to beat quickly.

Mientras Cabbit mira a todos los estudiantes de la escuela, nuevamente se da cuenta de que nadie más es como él. Todos los demás son un conejo. Siente que los ojos de todos lo miran directamente y su corazón comienza a latir rápidamente.

Question: As Cabbit sees everyone staring at him, how do you think he is feeling?

Pregunta: Al ver que todos lo están mirándolo, ¿cómo crees que se siente Cabbit?

Finally, Cabbit reaches his new class. His teacher seems friendly and nice, but he still feels strange. He still senses the other kids in the class are focused on him and he is not comfortable with that kind of attention.

Finalmente, Cabbit llega a su nueva clase. Su maestro parece amigable y agradable, pero todavía se siente extraño. Todavía siente que los otros niños de la clase están concentrados en él y no se siente cómodo con ese tipo de atención.

Question: What would you do if you felt like Cabbit at this moment?

Pregunta: ¿Qué harías si te sintieras como Cabbit en este momento?

While sitting at his desk, Cabbit's stomach begins to rumble. It is almost lunchtime and Cabbit looks forward to the delicious lunch his mother made for him.

Mientras está sentado en su escritorio, el estómago de Cabbit comienza a rugir. Es casi la hora del almuerzo y Cabbit espera con ansias el delicioso almuerzo que su madre le preparó.

Question: Do you look forward for lunch time at school?

Pregunta: ¿Esperas con ansias la hora del almuerzo en la escuela?

Cabbit does not mind sitting alone at lunch, he is too excited to see what his mother made him to eat. His mother is an excellent cook and the best at surprises.

A Cabbit no le importa sentarse solo en el almuerzo, está demasiado emocionado para ver lo que su madre le hizo para comer. Su madre es una excelente cocinera y la mejor en sorpresas.

Question: How does Cabbit look in this picture? Do you think his day will get any better?

Pregunta: ¿Cómo se ve Cabbit en esta imagen? ¿Crees que su día mejorará?

After opening his lunch box, Cabbit is delighted by the aroma of one of his favorite lunchtime treats. Carrot glazed salmon over rice, egg rolls, and fried garlic carrots. Cabbit is so happy. His mouth begins to water with the thought of eating the delicious food.

Después de abrir su lonchera, Cabbit se deleitó con el aroma de una de sus golosinas favoritas a la hora del almuerzo. Salmón glaseado con zanahoria sobre arroz, rollitos de huevo y zanahorias fritas con ajo. Cabbit está tan feliz. Su boca comienza a hacer agua con la idea de comer la deliciosa comida.

Question: What is one of your favorite lunch time foods?

Pregunta: ¿Cuál es una de sus comidas favoritas a la hora del almuerzo?

However, not everyone is so excited about the aroma of Cabbit's food. As the smell travels throughout the cafeteria, Cabbit hears kids gasping and complaining.
"Ewwwww, what's that smell?"
"Yuck!"
"Gross!"

Sin embargo, no todos están tan emocionado con el aroma de la comida de Cabbit. Mientras el olor viaja por la afetería, Cabbit escucha a los niños jadeando y quejándose.
"Ewwwww, ¿qué es ese olor?"
"¡Qué asco!"
"¡Repugnante!"

Question: How would you feel if someone was making rude comments about food someone made for you?

Pregunta: ¿Cómo se sentiría si alguien estuviera haciendo comentarios groseros sobre la comida que alguien le preparó?

A tall kid with a red bandana walks up to Cabbit and says, "Hey new kid, what's up with that gross food you brought? The smell of your food is making everyone sick!". Cabbit is embarrassed and puts his food away.

Un niño alto con un pañuelo rojo se acerca a Cabbit y le dice: "Oye, chico nuevo, ¿qué pasa con esa comida asquerosa que trajiste? ¡El olor de tu comida está enfermando a todos! ". Cabbit está avergonzado y guarda su comida.

Question: Do you think the boy in the red bandana was being nice to Cabbit? Why or why not?

Pregunta: ¿Crees que el chico del pañuelo rojo estaba siendo amable on Cabbit?
¿Por qué o por qué no?

Cabbit walks out of the cafeteria and sits all alone in the back of the school. He thinks to himself, "How could this day get any worse?" Now Cabbit is sad, hungry, and all alone.

Cabbit sale de la cafetería y se sienta solo en la parte trasera de la escuela. Piensa para sí mismo: "¿Cómo podría empeorar este día?" Ahora Cabbit está triste, hambriento y solo.

Question: Have you ever felt alone?

Pregunta: ¿Alguna vez te has sentido solo?

Suddenly, Cabbit hears a loud "NO!" and looks around to see what is happening. From across the field, Cabbit hears someone very upset.

De repente, Cabbit escucha un fuerte "¡NO!" y mira a su alrededor para ver qué está pasando. Desde el otro lado del campo, Cabbit escucha a alguien muy molesto.

The boy in with the red bandana had kicked his soccer ball up a very tall tree and is crying.

El niño con el pañuelo rojo había pataleado su balón de fútbol hasta un árbol muy alto y está llorando.

Question: Have you ever lost an item you really loved?

Pregunta: ¿Alguna vez ha perdido un artículo que realmente amaba?

The boy with the red bandana is upset and his friends try to comfort him. However, it is no use. The boy in the red bandana says, "That soccer ball was a present from my dad, and it is my
favorite. It cannot be replaced!".

El niño del pañuelo rojo está molesto y sus amigos intentan consolarlo. Sin embargo, no sirve de nada. El niño del pañuelo rojo dice: "Ese balón de fútbol fue un regalo de mi papá y es mi favorito. ¡No se puede reemplazar!".

Question: Do you have someone that comforts you when you're sad?

Pregunta: ¿Tienes a alguien que te consuele cuando estás triste?

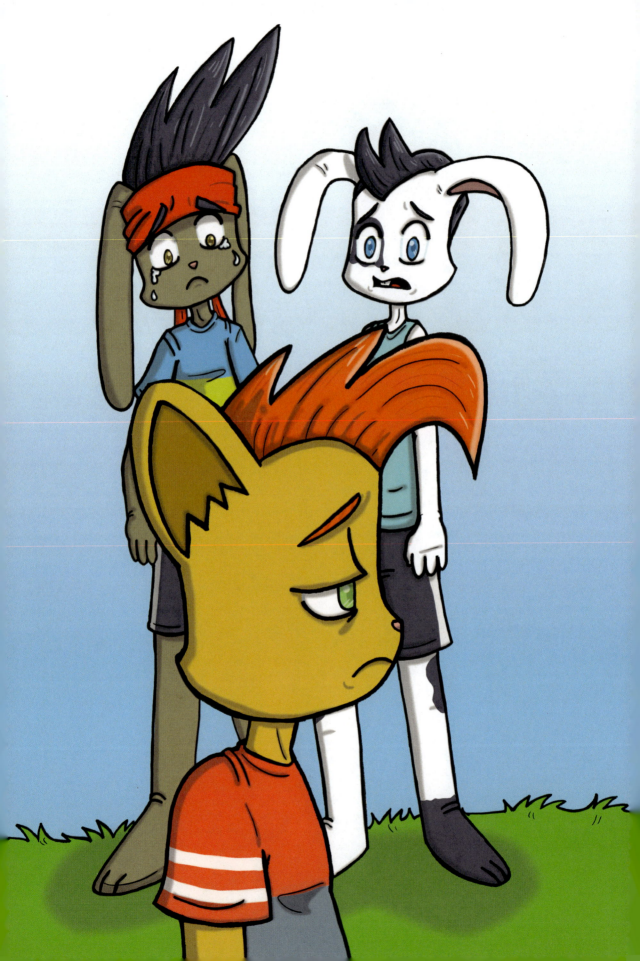

Without being asked, Cabbit walks past the kid with the red bandana toward the tall tree.

Sin que le pregunten, Cabbit pasa junto al niño con el pañuelo rojo hacia el árbol alto.

Question: Why is Cabbit walking toward the tree?

Pregunta: ¿Por qué Cabbit camina hacia el árbol?

Cabbit looks up at the tall tree and sees where the soccer ball has landed. Cabbit thinks the tree is very tall and getting it might be a little difficult. However, helping people can be difficult sometimes.

Cabbit mira hacia el árbol alto y ve dónde ha aterrizado la pelota de fútbol. Cabbit cree que el árbol es muy alto y que conseguirlo puede ser un poco difícil. Sin embargo, ayudar a las personas a veces puede resultar difícil.

Question: Do you think helping people can be difficult to do sometimes? Why?

Pregunta: ¿Crees que ayudar a las personas a veces puede ser difícil de hacer? ¿Por qué?

Up and up Cabbit climbs to the top of the tree. He is a little nervous, but one thing Cabbit is good at is climbing. He loves to climb all the trees around his house especially the tree with the treehouse he helped his dad build.

Arriba y arriba Cabbit trepa a la copa del árbol. Está un poco nervioso, pero una cosa en la que Cabbit es bueno es en escalar. Le encanta trepar a todos los árboles alrededor de su casa, especialmente al árbol con la casa del árbol que ayudó a construir su padre.

Question: Do you think Cabbit is being brave?

Pregunta: ¿Crees que Cabbit está siendo valiente?

Finally, Cabbit reaches the top of the tree and finds the boy's ball. As Cabbit looks down at the other kids, they all look so small.

Finalmente, Cabbit llega a la copa del árbol y encuentra la pelota del niño. Cuando Cabbit mira a los otros niños, todos se ven tan pequeños.

Question: How do you think the boy with the red bandana is feeling?

Pregunta: ¿Cómo crees que se siente el chico del pañuelo rojo?

Cabbit throws the ball down to the boy with the red bandana. He is very happy. Even though Cabbit is so high up in the tree, he can still see the boy's big smile.

Cabbit lanza la pelota al chico del pañuelo rojo. Él es muy feliz. A pesar de que Cabbit está tan alto en el árbol, todavía puede ver la gran sonrisa del niño.

Question: Has someone ever returned something you thought you lost?
How did you feel?

Pregunta: ¿Alguna vez alguien le ha devuelto algo que pensó que había perdido? ¿Cómo te sentiste?

After climbing down the tree, Cabbit begins to walk back to the area where he was sitting alone.

Después de bajar del árbol, Cabbit comienza a caminar de regreso al área donde estaba sentado solo.

Question: What do you think will happen next?

Pregunta: ¿Qué crees que pasará después?

"WAIT!", yells the boy with the red bandana. "Thank you so much for getting my ball back!", he says with excitement! "I can't believe you climbed that super high tree! That was amazing!", he exclaimed.

"¡ESPERA!", Grita el chico del pañuelo rojo. "¡Muchas gracias por recuperar mi pelota!", dice emocionado. "¡No puedo creer que te hayas subido a ese árbol tan alto! ¡Eso fue increíble!", Exclamó.

Question: How is the boy with the red bandana acting towards Cabbit now?

Pregunta: ¿Cómo está actuando ahora el chico del pañuelo rojo con Cabbit?

The boy with the red bandana says, "My name is Bunnitto. What's your name?" Cabbit replies, "My name is Cabbit." Bunnitto says, "That was pretty awesome how you climbed that tree!" "Thank you," replies Cabbit. "Would you like to play soccer with us?" asked Bunnitto. "Yes, I would very much like to play with you all," replied Cabbit.

El chico del pañuelo rojo dice: "Mi nombre es Bunnitto. ¿Cuál es tu nombre?" Cabbit responde: "Mi nombre es Cabbit". Bunnitto dice: "¡Fue increíble cómo te subiste a ese árbol!" "Gracias", responde Cabbit.
"¿Te gustaría jugar al fútbol con nosotros?" preguntó Bunnitto. "Sí, me gustaría mucho jugar con todos ustedes", respondió Cabbit.

Question: Has anyone ever asked you to play with them? How did you feel about that?

Pregunta: ¿Alguien te ha pedido alguna vez que juegues con ellos? ¿Cómo te sentiste al respecto?

Bunnitto introduces everyone to Cabbit. They played soccer for the rest of lunchtime and they had a blast. Cabbit loved playing with his new friends. Before returning to class, Bunnitto asked Cabbit to play with him tomorrow. Bunnitto also asked if Cabbit could teach him how to climb. Cabbit happily agreed.

Bunnitto presenta a todos a Cabbit. Jugaron fútbol durante el resto de la hora del almuerzo y se divirtieron mucho. A Cabbit le encantaba jugar con sus nuevos amigos. Antes de regresar a clase, Bunnitto le pidió a Cabbit que jugara con él mañana. Bunnitto también preguntó si Cabbit podía enseñarle a escalar. Cabbit accedió felizmente.

Question: How do you think Cabbit is feeling now?

Pregunta: ¿Cómo crees que se siente Cabbit ahora?

When Cabbit arrives home, he eats dinner with his family and tells them all about his first day of school. He tells them how he was sad at first because of being so different, but then he tells his parents how he was able to make friends. Now Cabbit is ready for his second day of school and wonders what new friends and adventures await him tomorrow.

Cuando Cabbit llega a casa, cena con su familia y les cuenta todo sobre su primer día de clases. Les cuenta lo triste que estaba al principio por ser tan diferente, pero luego les cuenta a sus padres cómo pudo hacer amigos. Ahora Cabbit está listo para su segundo día de clases y se pregunta qué nuevos amigos y aventuras le esperan mañana.

Question: How do you feel about Cabbit's first day of school? Is there any part of the story you can relate to?

Pregunta: ¿Qué opinas del primer día de clases de Cabbit? ¿Hay alguna parte de la historia con la que puedes identificar?

Before going to bed, Cabbit writes in his diary and reflects on his first day of school. He thinks about how different his day was compared to how he thought it was going to be. Cabbit also thinks about what he did to improve his day and have a better outcome. Although Cabbit had a rough start, his positive choices allowed him to make new friends and discover his strengths.

Antes de acostarse, Cabbit escribe en su diario y reflexiona sobre su primer día de clases. Piensa en lo diferente que fue su día en comparación con lo que pensaba que iba a ser. Cabbit también piensa en lo que hizo para mejorar su día y tener un mejor resultado. Aunque Cabbit tuvo un comienzo difícil, sus decisiones positivas le permitieron hacer nuevos amigos y descubrir sus fortalezas.

> Question: Do you believe Cabbit had a good first day of school? What obstacles did he have and what choices did he make to help him overcome them? Can you name any of Cabbit's strengths?
>
> Pregunta: ¿Crees que Cabbit tuvo un buen primer día de clases? ¿Qué obstáculos tuvo y qué decisiones tomó para ayudarlo a superarlos? ¿Puedes nombrar alguna de las fortalezas de Cabbit?

I hope you enjoyed Cabbit's first day at school. I really appreciate your love and support and hope you will join Cabbit on is next adventure!

Espero que hayas disfrutado del primer día de escuela de Cabbit. ¡Realmente aprecio su amor y apoyo y espero que se una a Cabbit en su próxima aventura!

Made in the USA
Middletown, DE
29 March 2022